CLAUDE STEINER

Le conte chaud et doux des chaudoudoux

Illustré par PEF

InterEditions

Il était une fois, dans des temps très anciens, des gens qui vivaient très heureux. Ils s'appelaient Timothée et Marguerite et avaient deux enfants, Charlotte et Valentin. Ils étaient très heureux et avaient beaucoup d'amis.

Pour comprendre à quel point ils étaient heureux, il faut savoir comment on vivait à cette époque-là. Chaque enfant, à sa naissance, recevait un sac plein de chaudoudoux. Je ne peux pas dire combien il y en avait dans ce sac car on ne pouvait pas les compter. Ils étaient inépuisables. Lorsqu'une personne mettait la main dans son sac, elle trouvait toujours un chaudoudoux.
Les chaudoudoux étaient très appréciés. Chaque fois que quelqu'un en recevait un, il se sentait chaud et doux de partout.

Ceux qui n'en avaient pas régulièrement finissaient
par attraper mal au dos, puis ils se ratatinaient,
parfois même ils en mouraient.
En ce temps-là, c'était très facile de se procurer
des chaudoudoux. Lorsque quelqu'un en avait envie,
il s'approchait de toi et te demandait : « Je voudrais
un chaudoudoux ! » Tu plongeais alors la main
dans ton sac pour en sortir un chaudoudoux
de la taille d'une main de petite fille. Dès que
le chaudoudoux voyait le jour, il commençait à sourire
et à s'épanouir en un grand et moelleux
chaudoudoux. Tu le posais alors sur l'épaule, la tête
ou les genoux, et il se pelotonnait câlineusement
contre la peau en donnant des sensations
chaleureuses et très agréables dans tout le corps.

Les gens n'arrêtaient pas d'échanger des chaudoudoux et, comme ils étaient gratuits, on pouvait en avoir autant que l'on en voulait. Du coup, presque tout le monde vivait heureux et se sentait chaud et doux.

Je dis « presque », car quelqu'un n'était pas content de voir les gens échanger des chaudoudoux. C'était la vilaine sorcière Belzépha. Elle était même très en colère. Les gens étaient tous si heureux que personne n'achetait plus ses philtres ni ses potions. Elle décida qu'il fallait que cela cesse et imagina un plan très méchant.

Un beau matin, Belzépha s'approcha de Timothée et lui parla à l'oreille tandis qu'il regardait Marguerite et Charlotte jouer gaiement. Elle lui chuchota : « Vois-tu tous les chaudoudoux que Marguerite donne à Charlotte ? Tu sais, si elle continue comme cela, il n'en restera plus pour toi ! » Timothée s'étonna : « Tu veux dire qu'il n'y aura plus de chaudoudoux dans notre sac chaque fois que l'on en voudra un ? » « Absolument, répondit Belzépha, quand il n'y en a plus, c'est fini ! » Et elle s'envola en ricanant sur son balai. Timothée prit cela très au sérieux, et désormais, lorsque Marguerite faisait don d'un chaudoudoux à quelqu'un d'autre que lui, il avait peur qu'il ne lui en reste pas.

Et si la sorcière avait raison ? Il aimait beaucoup les chaudoudoux de Marguerite, et l'idée qu'il pourrait en manquer l'inquiétait profondément, et le mettait même en colère. Il se mit à la surveiller pour ne pas qu'elle gaspille les chaudoudoux en en distribuant trop aux enfants ou à n'importe qui.

Puis il se plaignit chaque fois que Marguerite donnait
un chaudoudoux à quelqu'un d'autre que lui.
Comme Marguerite l'aimait beaucoup, elle cessa
d'offrir des chaudoudoux aux autres
et les garda pour lui tout seul.
Les enfants voyaient tout cela, et ils pensaient
que ce n'était vraiment pas bien de refuser
des chaudoudoux à ceux qui vous en demandaient
et en avaient envie. Mais eux aussi commencèrent
à faire très attention à leurs chaudoudoux.
Ils surveillaient leurs parents attentivement, et quand
ils trouvaient qu'ils donnaient trop de chaudoudoux
aux autres, ils s'en plaignaient. Ils étaient inquiets
à l'idée que leurs parents gaspillent les chaudoudoux.

La vie avait bien changé ! Le plan diabolique de la sorcière marchait ! Ils avaient beau trouver des chaudoudoux à chaque fois qu'ils plongeaient la main dans leur sac, ils le faisaient de moins en moins et devenaient chaque jour plus avares. Bientôt tout le monde remarqua le manque de chaudoudoux, et tout le monde se sentit moins chaud et moins doux.

Les gens s'arrêtèrent de sourire, d'être gentils, certains commencèrent à se ratatiner, parfois même ils mouraient du manque de chaudoudoux. Ils allaient de plus en plus souvent acheter des philtres et des potions à la sorcière. Ils savaient que cela ne servait à rien, mais ils n'avaient pas trouvé autre chose ! La situation devint de plus en plus grave. Pourtant, la vilaine Belzépha ne voulait pas que les gens meurent. Une fois morts, ils ne pouvaient plus rien lui acheter.

Alors elle mit au point un nouveau plan.

Elle distribua à chacun un sac qui ressemblait
beaucoup à un sac de chaudoudoux,
sauf qu'il était froid, alors que celui qui contenait
les chaudoudoux était chaud.

Dans ces sacs, Belzépha avait mis des froids-piquants. Ces froids-piquants ne rendaient pas ceux qui les recevaient chauds et doux, mais plutôt froids et hargneux. Cependant, c'était mieux que rien. Ils empêchaient les gens de se ratatiner. A partir de ce moment-là, lorsque quelqu'un disait : « Je voudrais un chaudoudoux », ceux qui craignaient d'épuiser leur réserve de chaudoudoux répondaient : « Je ne peux pas vous donner un chaudoudoux, mais voulez-vous un froid-piquant ? »

Parfois, deux personnes se rencontraient
en pensant qu'elles allaient s'offrir des chaudoudoux,
mais l'une d'elles changeait soudain d'avis,
et finalement elles se donnaient des froids-piquants.
Dorénavant, les gens ne mouraient presque plus,
mais la plupart étaient malheureux, avaient froid
et étaient hargneux. La vie devint encore plus difficile !
Les chaudoudoux, qui au début étaient disponibles
comme l'air que l'on respire, devinrent de plus
en plus rares. Les gens auraient fait
n'importe quoi pour en obtenir.

Avant l'arrivée de la sorcière, ils se réunissaient
souvent par petits groupes pour échanger
des chaudoudoux, se faire plaisir sans compter,
sans se soucier de qui offrait ou recevait
le plus de chaudoudoux. Depuis le plan de Belzépha,
ils restaient par deux et gardaient les chaudoudoux
l'un pour l'autre. Quand ils se trompaient en offrant
un chaudoudoux à une autre personne,
ils se sentaient coupables, sachant que leur partenaire
souffrirait du manque.

Ceux qui ne trouvaient personne pour leur faire
don de chaudoudoux étaient obligés
de les acheter et devaient travailler de longues heures
pour les gagner.

Les chaudoudoux étaient devenus si rares que certains prenaient des froids-piquants qui, eux, étaient innombrables et gratuits. Ils les recouvraient de plumes un peu douces pour cacher les piquants et les faisaient passer pour des chaudoudoux. Mais ces faux chaudoudoux compliquaient la situation. Par exemple, quand deux personnes se rencontraient et échangeaient des faux chaudoudoux, elles s'attendaient à ressentir une douce chaleur et s'en réjouissaient à l'avance et, au lieu de cela, elles se sentaient très mal. Comme elles croyaient s'être donné de vrais chaudoudoux, plus personne n'y comprenait rien !

Evidemment, comment comprendre que ces sensations désagréables étaient provoquées par les froids-piquants déguisés en faux chaudoudoux ? La vie était bien triste !... Timothée se souvenait que tout avait commencé quand Belzépha leur avait fait croire qu'un jour où ils ne s'y attendraient pas, ils trouveraient leurs sacs de chaudoudoux désespérément vides.

Mais écoutez ce qui se passa. Une jeune femme gaie et épanouie, aux formes généreuses, arriva alors dans ce triste pays.

Elle semblait ne jamais avoir entendu parler de la méchante sorcière et distribuait des chaudoudoux en abondance sans crainte d'en manquer.

Elle en offrait gratuitement, même sans qu'on lui en demande. Les gens l'appelèrent Julie Doudoux, mais certains la désapprouvèrent parce qu'elle apprenait aux enfants à donner des chaudoudoux sans avoir peur d'en manquer.

Les enfants l'aimaient beaucoup
parce qu'ils se sentaient bien avec elle. Eux aussi
se mirent à distribuer de nouveau des chaudoudoux
comme ils en avaient envie.

Les grandes personnes étaient inquiètes et décidèrent
de passer une loi pour protéger les enfants
et les empêcher de gaspiller leurs chaudoudoux.
Cette loi disait qu'il était défendu de distribuer
des chaudoudoux à tort et à travers. Désormais
il faudrait un permis pour donner des chaudoudoux.

Malgré cette loi, beaucoup d'enfants continuèrent
à échanger des chaudoudoux chaque fois
qu'ils en avaient envie et qu'on leur en demandait.
Et comme il y avait beaucoup, beaucoup d'enfants,
presqu'autant que de grandes personnes, il semblait
que les enfants allaient gagner. A présent,
on ne sait pas encore comment ça va finir...

Est-ce que les grandes personnes, avec leur loi,
vont arrêter l'insouciance des enfants ? Vont-elles
se décider à suivre l'exemple de la jeune femme
et des enfants et prendre le risque en supposant
qu'il y aura toujours autant de chaudoudoux
que l'on voudra ? Se souviendront-elles des jours
heureux que leurs enfants veulent retrouver,
du temps où les chaudoudoux existaient
en abondance parce qu'on les donnait sans compter ?